산티에고 가는 길

지성·감성의 메타언어
조선문학시인선 · 712

산티에고 가는 길

전 성 훈 시집

조선문학사

■ 책머리에

  이 또한 지나가리라 여기며 기다렸던 인고의 세월, 그렇게 한 해를 보내고 또 한 해를 보내고, 조선문학을 통해 풋내기 시인으로 등단한 지 벌써 2년이 지난 화창한 봄날이다.
  선배 시인들의 작품을 받아보면서 늘 바라고 바라던 것은 언젠가 나도 시집을 내야지 하는 간절한 소망이었다. 부끄러움을 무릅쓰고 용기를 내어 내 어린 생명이 세상의 빛을 쬐도록 출세간의 문을 열기로 마음을 먹는다.
  무지렁이 같은 나에게 시심을 불러 넣어주고 젊은 나이에 황망히 먼 길을 떠나신 고 최복현 선생님 영전에 무한한 존경과 사랑의 말씀을 올린다. 아울러 조선문학 박진환 박사님께 애틋한 감사의 말씀을 전한다.

2021년 4월 어느 봄날에
전 성 훈

산티에고 가는 길 차례

책머리에 / 5

제1부
산티에고 가는 길

피안의 세계 / 13
산티에고 가는 길 / 14
서산에 해가 뜨니 / 16
회화나무 한 그루 / 18
낙산사에서 / 19
최양업 토마 신부 묘소에서 / 20
남종삼 성인 묘역에서 / 22
감곡매괴성당 성모님 / 23
소현세자를 생각하며 / 24
창덕궁의 어느 하룻밤 / 25
창덕궁의 달밤 / 26
쌍호 습지의 연인 / 27
진천사지 삼층석탑 / 28
치마바위의 전설 / 29
영월 창령사터 오백나한을 바라보며 / 30
경마장 말굽소리 / 31
미타사 마애여래입상 / 32
미타사 극락전에서 / 33

고운사 뜨락에 서서 / 34
조문국을 생각하며 / 35
제주 4.3 평화공원에서 / 36
정의공주 묘역에서 / 37

제2부
가을은 저만치 떠나가는데

가을은 저만치 떠나가는데 / 41
떨어지는 낙엽을 바라보며 / 42
어느 가을자락에서 / 44
가을이 물드는 도봉산 / 46
저녁노을 / 48
석류가 익을 때면 / 49
장맛비 / 50
여기도 스위스 산마을이네 / 52
해변의 마스크 / 53
햇볕을 찾아서 / 54
자두 / 55
7월의 하늘 / 56
노랑나비를 보며 / 58
장미 / 59
아카시아 꽃향기 / 60
진달래꽃 / 61

4월의 노래 / 62
봄비 / 63
봄소식 / 64
겨울 산 / 65
겨울비처럼 / 66
가을 / 67
시월의 어느 날 / 68
딸기밭에서 / 70
까치수염 / 71
밤꽃 필 무렵 / 72
초안산 진달래꽃 / 73
옥잠화 / 74

제3부
우도의 여인

우도의 여인 / 77
어떤 머그컵 / 78
메밀 동동주를 마시며 / 79
아바이 마을에서 / 80
도봉문화예술제 '홍잔치' 공연을 보며 / 81
메타세콰이어 / 82
행복한 이야기 북카페 / 83
초원의 길 / 84

쌍봉낙타 / 85
게르 마을의 밤하늘 / 86
간장게장의 미소 / 87
순남 족발 / 88
북서울 미술관에서 / 90
에드워드 김 추모 사진전 / 92
빗속의 여인 / 94
능동 어린이대공원 / 96
알프스의 낙조 / 97
폼페이 최후의 날 / 98
콜로세움의 아침 / 99
어느 종교재판정에서 / 100
포지타노 해변의 여인 / 101
서울대공원 둘레길 / 102
할머니 손두부 / 103
숯불구이 / 104
엄마 산소 앞에서 / 106
잃어버린 무지개 / 107
섭지코지 여인의 슬픔 / 108
관덕정의 빛과 그림자 / 109
흑돼지 수육 / 110
올레길을 걸으며 / 111
채석장에서 / 112
병원에서 / 113
정의로운 세상 / 114

길고 긴 2월의 어느 날 / 115
경자년을 보내며 / 116
K를 그리워하며 / 118
한가위 보름달 / 120
어느 결혼식장에서 / 122
원당샘 시화전 / 124

제4부
시집평설

레토릭으로 설의법 활용 돋보여_박진환 / 126

제1부
산티에고 가는 길

피안의 세계

속세를 벗어나면 보일까
산중에 들어서면 들릴까

보이는 대로 바라보고
들리는 대로 듣고
새기고 싶은 대로 새기면
속세도 피안의 세계와 다름없이
하늘의 빛이 쏟아지거늘
뭘 찾아서 헤매고 있을까

이고 지고 가는
근심 걱정 버리고
눈 감고
귀 막고
입 다물고
산도 잊고
물소리도 잊으면
피안의 세계를 만날 수 있을까

산티에고 가는 길

산에서 길을 묻고, 길에서 산을 묻네
산티에고에 왜 가느냐고 묻거든
몸과 마음이 아픈 이에게
치유의 길을 가르쳐준다고 말해주렴
실연의 아픔을 이기지 못하는 이에게
세월이라는 달달한 약을
시험의 벽을 넘지 못한 수험생에게
새로운 도전의 꿈과 용기를
사업에 실패하여 고개를 숙이는 이에게
다시 일어설 용기와 기회를
원망과 원한에 사무친 이에게
자신과 상대를 용서할 수 있는 마음을
육신이 아파서 죽고 싶은 이에게
고통을 받아들일 수 있는 마음을
배우자를 떠나보낸 사람에게
아름답고 안타까웠던 추억의 선물을
부모를 잃은 자식에게
부모의 끝없는 사랑과 베풂의 모습을

길에서 산을 묻고, 산에서 길을 묻네
산티에고가 어디에 있느냐고 묻거든
내가 가는 길에 있다고 말해주렴
눈물 같은 빗길을, 고요한 산길을
세찬 눈보라 길을, 끝없는 들판을 걷고 걸으니
발이 붓고 커다란 물집이 생겨 절룩절룩 거리며
땅을 내려다보며 묻고 또 묻고
강물을 바라보며 생각하고 또 생각하고
그리운 하늘에는 구름 한 점 없는 푸른 하늘도
먹구름에 뒤덮인 컴컴한 하늘도 있네
나는 지금 어디에 있으며 어디로 가고 있을까?
길에서 길을 묻고 산에서 산을 묻는다
구원의 길은 내 마음 속에 있거늘

서산에 해가 뜨니

세상의 옳고 고상한 소리를
입술에 침도 바르지 않고
번드르르하게 지껄이며
정의와 공정을 독점하더니
밀실에서는 온갖 추잡하고
허접한 짓만 골라서 하며
행동하는 짓거리마다
생선 썩은 냄새를 풍기니
그 몰골이 가증스럽고
패악하고 요사스럽구나

두 손을 가지런히 모아서
머리 조아리고 땅에 엎디어
하늘에 용서를 빌어도 시원찮은데
뭐 잘났다고 그 큰 눈을 부라리며
하늘을 욕되게 땅을 부끄럽게 하네
한 푼어치 깜냥도 되지 못한 주제에
그 잘난 위선의 껍데기를 벗어버리고
땡볕 아래 엎드려 진심으로 속죄를 할까?

아아, 독선의 낯 두꺼운 그 얼굴은
징과 장구를 치며 얼쑤 어깨춤을 추고
열광하는 무리는 손뼉 치며 노래 부르네
한 구석에 쪼그리고 앉아 속을 끓이며
줄줄 흐르는 눈물을 훔치는 무지렁이를
그 누가 있어 등을 두드리며 안아주려나

회화나무 한 그루

가을이 깊어가는 창경궁
붉게 물든 단풍나무 옆에
홀로 선 회화나무 한 그루

더위가 기승을 부리는 한여름
뒤주 속에서 그 뜨거운 열기에
숨을 헐떡이며 죽어가는 젊은이

전생에 무슨 업보를 쌓았기에
임금인 아비와 아들로 만나
이토록 모진 사연을 지었을까

찬바람 부는 창경궁 전각 사이로
빗나간 권력의 욕심에 제물이 된
갈 곳 잃은 영혼이 어른거린다

※ 회화나무 : 더위가 기승을 부리는 한여름에 나비 모양의
　　연노랑 꽃을 나무 가득히 피운다.

낙산사에서

비 내리는 낙산사 홍예문
무지개 돌문을 들어서면
사바세계의 티끌을 털어버리고
해탈의 세계로 들어가는 길

보타락 앞뜰 작은 연못에는
흙탕물 속에 하얀 꽃잎을 피워
나비와 벌을 부르는 연꽃이
이슬비를 머금은 채 춤춘다

따뜻한 손길을 쭈욱 뻗어 보이는
부처님의 자비로운 모습을 보며
비에 젖어 서글픈 마음을 추슬러
고개를 들어 먼 산등성이를 바라본다

이 풍진 세상의 끝없는 욕망을 내려놓고
열반의 다리를 춤추듯 가벼이 건너가는
무심한 중생이 누구인지 궁금하구나

최양업 토마 신부 묘소에서

이 땅에 빛을 주신 하느님
하느님의 사랑을 헐벗고 굶주린
불쌍한 백성에게 전하고자
열성을 다하여 온몸을 불사르다
촛불처럼 타버린 토마를 어여삐 여기소서
소나무 숲 사이로
따사로운 햇살이 쏟아지는
새소리 물소리 하나 들리지 않는
한적한 묘소에 서서
나직한 목소리로 주모경을 바치며
땀의 증거자인 토마 신부를 불러본다
가을이 익어가는 산 속
언덕배기에 외로이 홀로 누워있는 토마 신부님
나약한 신앙을 가진
후손은 당신의 피와 땀을 기억합니다
신앙의 길은 인내의 길이며
자비의 길이요 용서의 길이며
자신을 온전히 바치는 초월의 길이네
나 언제나 저리

지고지난한 길을 걸어갈 수 있을까
천주의 성모 마리아
저를 위하여 우리 주님께 빌어주소서
아멘!

남종삼 성인 묘역에서

3월의 끝자락
봄이 무르익어가는
울대리 공원묘지를 찾는다

따사로운 햇살을 맞으며
십자가의 길을 따라 걸어
요한 성인의 묘소를 만난다

천주를 증거 하려고
높은 지위도 아랑곳하지 않고
하나뿐인 목숨을 바쳐
후손들에게 귀감을 보여준
요한 남종삼 성인

북한산 뒷자락을 바라보며
내 신앙의 주소를 묻는다
난 지금 어디에서
주님을 찾고 있는가?

감곡매괴성당 성모님

감곡매괴성당 제대 뒤편 성모상
성모상 발에 핀 붉은 장미를 보았나요
처녀의 몸으로 하느님을 잉태하고
하느님을 세상에 보내신 어머니
영원한 동정녀 마리아 성모여!
파란 눈의 임가밀로 신부의 간절한 기도를
성모님 '기적의 패'에 듬뿍 담아
이 땅에 주님의 사랑을 전하도록
은총을 베풀어주신 하느님
성모님의 간절한 전구를 들어주시어
매괴성당 성모의 붉은 장미를
우리 마음에 진하게 물들게 하시고
올곧은 신앙을 갖도록 이끌어주소서!

소현세자를 생각하며

세월이 수상하여 정신을 차릴 수 없었는지
힘없는 무지렁이 백성은 나라님을 잘못 만나
매서운 동장군에 길바닥에서 얼어 죽고
잘난 양반네들은 남한산성에서 버티다가
임금은 차디찬 삼전도 땅에 무릎을 꿇고
머리를 땅에 조아리며 '삼고구배'의 치욕을 당했네

머나먼 이국 땅 심양에 볼모로 잡혀와
고향산천을 얼마나 그리워하며
슬픔을 가슴에 안고 처절하게 살았던가
고향땅을 밟고 기쁨의 눈물을 흘리며 절을 올리는
아비를 그리워하는 아들의 마음을 헤아리지 못하고
아비는 소 닭 쳐다보듯 한자락 눈길조차 주지 않았네

아파 누워있는 세자에게 내의원 약을 보내준 인조임금
탕약을 마신 아들은 온몸에 반점이 돋아 세상을 떠나니
임금이 세자를 독살했다는 소문이 돌고 도네
어찌 그토록 모질게 세자와 그 가족을 대하는지
세자의 원혼은 구천을 떠돌며 눈을 감지 못하고
권력은 부자지간에도 나눌 수 없는 불치의 병이구나

창덕궁의 어느 하룻밤

그날 밤도 창덕궁의 달빛은 교교히 흘렀을까
정권을 빼앗으려는 정적의 책동이 무리를 이루어도
귀를 막고 세상의 소리를 듣지 않는 어리석은 임금
칼을 빼어 흐르는 물에 씻으며 천지신명께 서원하니
반군의 함성이 하늘을 찌를 듯하여 세검정이라 부른다
대궐문을 활짝 열어놓고 반군과 내통한 수문장은
반정공신이 되어 권세를 뽐내고 네 활개를 치고
궁녀의 치맛자락에 몸을 숨긴 혼비백산한 임금은
용상의 자리에서 쫓겨나 처량한 귀양살이
신세로도 부족해 한양이 가깝다고
강화도에서도 쫓겨난 임금 광해는
귀양지 제주도에서 머나먼 한양 하늘만 쳐다보네
영욕의 창덕궁은 그날 밤처럼 오늘도 말이 없고
무심한 달빛은 은은한 빛으로 세상을 비춘다
창덕궁의 하룻밤은 짧으나 하룻밤에 되새기는
광해의 사연은 너무 길다

창덕궁의 달밤

세월이 깊이 흐르는 달밤
으스름 달빛을 받아
부끄러운 듯 얼굴을 내미는
고즈넉한 창덕궁 담장 안으로
창백한 사도세자의 얼굴이 떠오른다
일그러진 아비의 분노에
뒤쥐에 갇혀 숨죽인 아들
한낮의 햇볕도 한밤의 어두움도
세월 따라 인연 따라 사라지고
저 멀리 희미한 달빛 속에
갈 곳 몰라 허허로이 떠도는 울음소리
창덕궁의 밤은 저 홀로 깊어 가고
뒤주 속 영혼의 숨소리라도 새어 나올 듯
달마저도 슬픔을 가득 안고 있다

쌍호 습지의 연인

그 옛날 천지가 개벽하여 하늘이 열리고
땅위에는 실개천이 모여 큰 강을 이루어
남대천이 바다와 만나는 아름다운 이곳
기억도 없는 인류의 먼 조상 신석기인들이
한 명 두 명씩 모여 삶의 터전을 이룬 터
하늘엔 장마전선 검버섯 구름이 넘실넘실
수풀과 물고기의 사랑의 보금자리 쌍호 습지
습지 갈대 위를 낮게 아주 낮게 날아가는
이름 모를 철새들이 평화로이 춤을 추네
저 멀리 데크 길 호호 웃으며 두 손 마주잡고
한 걸음 두 걸음 걸어가는 젊은 연인의 모습에
신석기 남녀 사랑의 그림자를 찾을 수 없네

진천사지 삼층석탑

양양 땅 햇볕이 잘 드는 깊은 산골에
영험한 스님이 터 잡아 절집을 지었네
여래불과 수호신이 가뿐히 앉은 3층 석탑
두 손을 모으고 따뜻한 미소를 띠우며
속세의 중생에게 팔을 내미는 부처님
덧없는 세월의 무게에 푸른 이끼가 낀 석탑
법력 높은 고승은 어디로 갔는지 소식이 없어
지나는 길손은 사라진 절집을 그리워하네
스님이 와글와글 화려했던 그 옛날의 절집에도
황폐한 모습의 빈 절터에도 부처님은 계시는데
한 낮의 불볕더위 속 옥수수 밭 한가운데
덩그렁 하니 홀로 말없이 서 있는 3층 석탑
갈 곳 몰라 헤매는 나그네의 마음만 슬프네

치마바위의 전설

하늘은 맑고 살랑살랑 봄바람이 불어오는 선정릉
왕릉으로 가는 솔밭길 외로이 홀로 서 있는 꿩 한 마리
헤어진 짝을 기다리는지 오래도록 꼼짝하지 않는다
비정한 권력 싸움에 부부의 인연을 잇지 못하고
구중궁궐에서 쫓겨난 가련하고 한 많은 여인
왕비의 신분에서 여염집 여인으로 떨어진 여인
오백년 전 그날 헤어진 사랑을 못내 잊지 못하여
옷고름만 만지며 한없이 눈물짓던 가엾은 여인
밤잠을 설치며 사무치는 설움과 그리움을 떨치지 못해
낭군 앞에서 입던 치마를 벗어
커다란 바위 위에 널어놓고
행여 님이 바라보지 않을까 하여 마음 조였을 그 여인
그녀의 애잔한 삶을 불쌍히 여겨 '치마바위'라 부르네
후세에 사랑과 권력의 처절한 비애를 가르치는 듯이
정릉에 누워계신 나라님은 헤어진 사랑에 말씀이 없고
짝 잃은 꿩은 구슬피 울지도 못하고 하늘만 쳐다본다

영월 창령사터 오백나한을 바라보며

창령사터 오백나한, 육백년 긴 세월
땅속에 묻혀서 무엇을 기다렸을까?
중생을 구제하려고 중생의 모습
그대로 빚어 만든 오백나한
화난 듯한 모습의 이웃집 젊은이 얼굴로
천진난만하게 웃는 아이 모습으로
빙그레 웃는 주름살투성이 할아버지 얼굴로
살짝 삐친 소녀의 애틋한 모습으로
눈꼬리를 위로 치뜬 주막집 아낙네 모습으로
입술을 지그시 깨물고 화를 삭이는 엄마 얼굴로
살포시 눈을 감은 새색시 모습으로
헉헉 숨 쉬며 거친 사바세계 다리를 건너다가
잠시 숨을 고르며 하늘을 올려다보니
새털구름, 양떼구름, 뭉게구름이 흘러가네
구름 속엔 수많은 중생의 얼굴이 비친다
돌로 빚은 나한의 모습에서
내 모습을 찾을 수 있을까?
말없이 빙그레 웃는 돌부처의 마음을 너는 아느냐?

경마장 말굽소리

구불구불 이어진 숲길 옆 경마장을 바라보니
따가닥 따가닥 말 달리는 소리가 들리는 듯하다
시끌벅적한 말굽소리에 떠오르는 사람들
그 옛날 중국 천하를 두고 싸웠던 영웅호걸
온갖 지략과 술수의 화신이라고 조롱받았던 조조
헛꿈을 쫓아 발끝까지 허리를 굽힌 처세의 달인 유비
어수룩한 듯한 모습으로 인재를 불러 모았던 손권
붉은 복사꽃 아래 언약을 꽃피웠던 관우와 장비
주군을 위하여 목숨을 바친 진정한 무인 조자룡
세상을 바꾸려고 지혜와 청춘을 바쳤던 제갈공명
인간의 꿈과 야망을 쫓던 그들은 지금 어디에 있을까
기수에 이끌려 경마장으로 들어선 말은
먼 산을 바라보고
대박을 쫓아 경마권을 산 사람들 함성만 가득하구나

미타사 마애여래입상

억겁의 세월 모진 풍파 속에
말없이 서 있는 마애여래여!
우는 듯 웃는 듯 미소 띤 그 얼굴
높은 콧대는 세월 따라 비바람에 깎여
천형을 받은 사람처럼 뭉뚱그려진 콧등이 되고
가사 입은 손길은 어디로 갔는지 보이지 않네
철없는 무지렁이 중생은 동전을 바위에 붙여
소원을 빌며 마애여래의 염력을 시험하니
무수한 세월 여래의 뜻을 깨닫기 기원하는
중생에게 빛을 내려주고 길을 밝혀주소서!

미타사 극락전에서

속세의 인연을 끊고 부처를 만나러 가는 길
절집을 찾아 깊은 산골 소나무 숲길을 걸으니
하늘은 높고 구름은 보일 듯 말 듯 하네
부처의 첫 제자 마하가섭을 기려
가섭산이라 부르는 깊은 산속
중생의 극락왕생을 위해 아미타불을
본존불로 모시는 팔백년 고찰 미타사
부처님 말씀 한 마디 마음의 양식 삼아
극락전 앞뜰 중생의 발걸음은 분주하고
구름 위 하늘로 날아가는 이름 모를 산새처럼
내 마음 훨훨 날아 극락전 지붕 위에 앉고 싶어라

고운사 뜨락에 서서

일주문 지나 극락전 이르니
천년 향기 우화루가 손짓하네
부처님 가피 입어 소나무 숲길 꽃비가 내린다
청운의 꿈 찾아 머나먼 이역 땅 장안에 올라
'토황소격문' 지어 당나라 황제 사랑 온몸에 받고
고향 돌아가 지혜와 경륜 펼치고자
발길 재촉 하였건만
육두품 족쇄에 쓰라린 한숨만 토로할 뿐
발길 닿는 대로 산천 떠돌다
지친 몸과 맘 산사에 의탁하여
울분 삭이며 세월 껴안고 간 불우한 천재, 고운(孤雲)
높이 솟은 구름 한 점
후세 사람이 외로운 구름이라 부르는구나

조문국을 생각하며

아스라이 먼 옛날 한 마을이 생기고
한 무리의 사람들이 모여 살을 섞고 땀을 흘리며
자식을 낳고 고을을 이루어 나라를 세웠네
삼라만물 영욕의 세월을 비켜갈 수 없어
몸 내어 씻던 냇물 흘러가고
마음 담아 살던 땅 이웃에게 빼앗겼네
빼앗긴 산하에도 옛 사람의 그림자가 스며들어
한여름 군침 도는 요염하고
탐스런 붉은 자두 영글고
혀끝 매혹시키는 싸아한 마늘 품었네
잊혀진 나라 조문국의 영화는
자두와 마늘 품에 안기어
의성 땅에 새록새록 솟는구나

제주 4.3 평화공원에서

한쪽 눈 감고 보고 싶은 것만 보고 그림을 그리면
외눈박이 되어 반쪽을 잃어버린 그림만 그리게 되네
기억 저편의 진실을 찾는다고
하늘을 향해 손가락질 하며
"나, 죄 어수다" 목메어 외치면
또 다른 분단의 마음을 낳고
너와 나의 가슴에는 눈물과 한숨의 씨앗이 영글어간다
너도 희생자 나도 희생자, 너도 가해자 나도 가해자
우리 모두 갈라진 역사의 희생자이며 가해자이네
아픈 마음을 추슬러 서로를 용서하고 받아들일 때
치유의 빛, 화해의 빛이 샘처럼 솟아나거늘

정의공주 묘역에서

장마 갠 다음 날 이른 아침
먹구름이 흐르는 하늘 아래
잘 다듬어진 예쁜 봉분 둘이
다정한 이웃처럼 마주 보네

살아생전 다 못 나눴던 걸까
부부의 금슬을 아쉬워하듯
흠뻑 물먹은 어린 잔디가
파릇파릇 환하게 솟아오르고

봉분을 좌우로 가로지르며
힘차게 하늘을 차고 오르는
날렵한 고추잠자리 한 쌍이
유려한 짝짓기 날갯짓을 하며
무덤 주인의 인품을 기리듯
한가로운 유희에 빠져있네

제2부

가을은 저만치 떠나가는데

가을은 저만치 떠나가는데

누가 오라고 했는지
누가 가라고 했는지
아무 말도 하지 않았는데
소리 없이 슬그머니 찾아오고
소문도 없이 살며시 가버리네

울긋불긋, 알록달록
형형색색 온 산을 물들여
아름답다 못해 진한 서글픔을
내품던 단풍이 지고 떨어진 가지는
벌거벗어 흉한 모습인데

저 혼자 잘났다고 힘자랑하고
목소리 크다고 꽥꽥 소리치고
눈을 부라리며 앙칼진 쇳소리로
삿대질하던 그 못나고 추잡하고
부끄러운 줄 모르는 욕망덩어리만
떠나가는 가을 아래 휘휘하니 춤추네

떨어지는 낙엽을 바라보며

한 잎 두 잎 떨어지는
목련꽃잎보다도
바람에 날려 우수수
속절없이 나뒹구는
노오란 은행잎을 보면
가슴이 먹먹하고 저리다

여린 새싹으로 태어나
눈부신 햇살을 맞으며
성큼성큼 웃자라더니
턱 숨 막히는 가뭄과
억수 같은 장맛비에
아무런 내색도 없이
지난한 자연의 시련을
온몸으로 겪으며 인내한
작은 생명의 모습
이토록 허망하고 허전할까

가을 햇볕 아름다움에 취해

미끄럼 타듯 스르르 떨어져
왔던 길로 되돌아가
땅을 기름지게 하고
뒤를 이을 새싹을 피우니
서러워하지도 말고
애달파하지도 말고
그저 묵묵히 자연의 이치에
순응하며 살아가리라
떨어지는 낙엽처럼
인간도 마찬가지라네

어느 가을자락에서

화창한 10월의 어느 날
코로나 탓에 방구석에서
숨죽이며 한숨을 쉬다가
수락산 자락을 찾는다
숲속 하얀 벽돌집엔
젊은 셰프의 정성을 다한
요리 냄새가 창문 틈새로 넘쳐나고
숲 향기가 묻어나는 잔디밭에는
가을이 익어가는 냄새에
설마른 장작 타는 냄새가 어울려
고향의 향기를 내 뿜는다

잔디밭 한가운데
수백 년의 세월을 겪어온
지혜의 은행나무가
노란색 옷으로 갈아입고
점잖은 모습으로 사람들
웃음소리를 반기고
구름이 높이 솟아오르는

사패산 등줄기 너머 저쪽
성인봉, 만장봉, 자운봉
다정한 도봉산 삼형제는
그 위용을 뽐내며 웃는다

울긋불긋 단풍이 물드는 숲엔
따사로운 햇볕을 만끽하는
맑은 웃음소리가 높아가고
이리저리 뛰어노는 아이들의
분주한 발걸음이 요란한데
계절은 세월의 흐름을 쫓아
자연의 순리를 따르고
낯선 초로의 늙은이 혼자
의자에 걸터앉아 고개를 이리저리
갸우뚱하며 한낮의 졸음을 즐긴다

가을이 물드는 도봉산

무수골에서 산등성이로 올라서니
솔가지를 타고 바람이 살랑살랑 불고
편안한 마음으로 손에 든 묵주는
성모님을 그리며 저 홀로 돌아가네
포근한 산허리를 휘어감은 채
자운봉 잎새 바람인지
만장봉 가을 소리인지
선인봉 꽃내음새인지
속옷을 헤치고 가슴속으로 스며든다

아득한 태고 시절부터
그 자리에 그 모습 그대로
눈 감고 떠오르는 태양을 마주하고
번쩍이는 끔찍한 번갯불에도 꿈쩍 않고
천둥소리에 무작정 퍼붓는 장대비를
아무 말 없이 온몸으로 맞으며
거인처럼 솟아오른 엄지바위이기에
부처님 가피 입은 관음봉이라 불렀건만
수상한 세월에 그 누가 우이암이라 부른다

산자락 아래 널려 있는 황토밭에
뾰쪽한 성냥갑처럼 솟은 아파트 숲
닭장인 듯 닭장 아닌 듯 그 좁은
굴레 속에서 아옹다옹 서로
지지고 볶으며 살아가는 뭇 중생들의
고달픈 삶의 무게를 말없이 감싸 안으며
인간의 슬픔어린 쓰라린 회한을 품어
뜨거운 눈물조차 흘리지 못하는 산중에
가을은 오는 듯 가는 듯 물들어 간다

저녁노을

아파트 옥상 모서리 너머로
스며드는 불그스름한 기운
하루의 고된 삶에 녹초가 된
가여운 영혼의 무거운 어깨 위로
말없이 젖어드는 붉은 노을

바닷가 붉은 낙조를 바라보며
아아 하고 탄성을 지르고
활짝 불꽃을 태우고
서쪽 산허리로 사라지는
태양을 바라보며
슬픔에 젖어 눈물짓던 여인아

붉게 물든 서산 노을은
동틀 무렵 동해에서 떠오르는
태양의 다른 모습인 것을
떠나고 사라지면
찾아오고 나타나니
우리네 인생도 마찬가지라네

석류가 익을 때면

짓궂은 장맛비가 그치고
해님이 환한 얼굴을 내밀자
그립던 햇살을 가득히 받아
엷은 붉은색으로 꽃단장한
멋쟁이 석류나무 한 그루

부끄러워 다른 가지에 기대어
난 몰라 하며 가슴을 풀어헤치니
영롱한 포도 알 같은 붉은 보석이
옹기종기 알알이 서로 감싸 안아

붉게 익어가는 석류를 바라보니
코로나 탓에 숨죽이던 마음도
선선한 바람 따라 평온해지고
길 건너 저쪽에서는 기다리던
가을이 살며시 웃으며 손짓하네

장맛비

하늘이 뻥 뚫린 건 아닌지
한없이 쏟아 붓는 장맛비
푸른 하늘을 본 적이 언제였지

마음에 안 드는 이웃 나라가
홍수로 온통 난리를 피운다기에
겉으로 안 됐다는 표정을 지으며
속으로 그야말로 쌤통이라 했는데

이제는 우리 강산 여기저기를
홍수가 할퀴고 휩쓸고 지나가
재산도 집도 잃어 넋을 놓자
하나뿐인 목숨마저 빼앗아 가네

장마와 홍수가 올해 처음으로
찾아오는 불청객도 아닐 텐데
애꿎게 4대강 정비 탓이라고
서로들 못난 손가락질을 하니

석 달 열흘 기나긴 장맛비에
막막하고 참담한 이 마음을
어디에 대고 하소연을 할까

여기도 스위스 산마을이네

해거름에 농익은 산마을
여기저기 굴뚝에서
연기가 솟아오르고
베란다에서 굽는
고기 냄새가 세상을 감싸 안을 때
갈색 눈 여인이 찡긋하고 눈웃음 지으면
팩소주 한 잔 입에 털어 넣고
'하이' 하며 흐뭇한 미소를 보냈었지

비 개인 하늘엔
저녁노을이 지고
건너편 산허리에는
넘어갈 듯 넘어갈 듯
한숨을 내쉬는
나그네의 발걸음이 걸려있네
안개가 산등성이로 올라가고
눈 아래 세상이 낮게 보이면
여기도 스위스 산마을인데

해변의 마스크

어제도 그제도 그리고 오늘도
코로나바이러스가 세상을 휩쓸더니
사람 사는 모습조차 확 바꿔버렸네

자외선을 차단하는 것도 아닌데
이글거리는 8월의 태양 아래
훈장처럼 마스크를 쓴 젊은 연인

철썩 철썩 파도가 부서지는
아름다운 동해안 해변가에도
마스크 쓴 사람이 어슬렁거리네

주홍글씨 같은 마스크를 벗어버리고
생기 넘치는 맨 얼굴을 드러낸 채
언제나 마음 놓고 걸어볼 수 있을까

햇볕을 찾아서

추적추적 지겹도록 쏟아지는 장맛비
습하고 끈적거리는 날씨에 몸은 지치고
평화롭던 마음도 서서히 무너져가니
하늘은 온통 검은 먹구름뿐이구나

도봉산 뒷마을 송추 하늘에
오랜만에 쨍하고 햇살이 비치고
눈을 크게 뜨고 얼굴을 들어
환히 빛나는 하늘을 쳐다보니

건너편엔 길 잃은 초승달이
수줍은 듯 빼꼼히 얼굴을 내미네
찬란한 햇빛을 구경한 게 언제인지
햇볕의 따사로운 손길을 만끽하자
오오! 빛나는 태양이여!

자두

해마다 여름이면 떠오르는
생각만 해도 군침이 돌아
눈감고 슬쩍 한 입 맛보면
배어나오는 새콤달콤한 즙

봉긋 솟아오른 소녀 가슴처럼
조그마한 덩어리를 살며시 쥐면
부르르 떨려오는 보드라운 촉감에
으음 하며 저절로 탄성을 지르고

여름이 기웃거리는 늦은 봄날
싸리 울타리 뒤에서 다가오는
싱싱하고 말랑말랑한 붉은 과실
올해도 그 시큼한 맛을 잊을 수 없네

7월의 하늘

저쪽에서
먹장구름이 몰려오더니
어느 틈에 번개가
번쩍 번쩍 세상을 비추고
우르르 콰당 콰당 쾅쾅
요란한 천둥소리가 들린다

천둥소리와 함께
폭포처럼 쏟아지는
소나기의 기세를 피해
숨어버린 구름과 햇볕
주춤거리는 빗줄기 사이로
한 줄기 햇빛이 스며들고
아기구름 한 조각이
얼굴을 살짝 내미니
7월의 하늘이 열린다

지나가버린 과거도
언제 올지 모르는 미래도 없고

지금 이 순간만 있네
힘들고 고되고 외로운
나날이 되풀이 된다 해도
용기를 잃지 않고
내일의 태양을 기억하리

세월은 가고 오나니
하늘을 향해 손짓하며
웃음을 지어보자
7월의 찬란한 햇살을
너는 보았니?

노랑나비를 보며

모월 모일 모시에
알록달록한 꽃 화환 속에 누워
한 마리 노랑나비가 되어
훨훨 하늘로 날아오르려나

사뿐사뿐 날아오르다 숨이 차
잠시 날갯짓을 멈추고
아득히 저 아래 내가 살던 고향을 내려다보려나

세상의 근심과 걱정 다 내려놓고
나 혼자 떠나갈 길
슬프지도 외롭지도 무섭지도 않은
영원한 나들이 길
기운을 차려 다시 날개를 펄럭이며
잃어버린 낙원을 찾아서 솟아오르겠지

장미

너를 닮은 향기로운
빨강 모습에 취하고

나를 닮은 아름다운
노란 색깔에 반하고

우리를 닮은 어여쁜
검은 꽃잎에 빠지고

사랑에 목마른 사람에게
큐피드의 화살처럼
새콤달콤한 맛을 주고

실연의 상처에 우는 이에게
차갑고 쓰라린 기억을 주고

텅 빈 가슴엔
화끈화끈 아리는 통증을 주는
가시를 지닌 당신은 누구세요

아카시아 꽃향기

봄이 가고 연초록색 나뭇잎들이
나풀거리는 초안산
여기저기 아카시아 꽃향기가 코끝을 간질거린다
야트막한 산기슭에서 아카시아 꿀을 따려고
벌통을 늘어놓던
주름살투성이 할아버지는 어디로 가고
윙윙거리며 벌통 주위를
분주히 돌던 꿀벌도 보이지 않고
세월의 틈새를 비집고
꿀벌 대신 들어선 자동차 캠핑장
아카시아 꽃내음에 취했던
그 많던 꿀벌들이 그립구나

진달래꽃

분홍빛 치맛자락을 펼쳐
달달한 솜사탕처럼
엷은 냄새를 풍기며
따뜻한 손짓을 하는 진달래꽃
지치고 힘든 사람에게
가엾고 애달픈 사람에게
한 줌의 카타르시스가 되어
분홍색 이불을 덮어주는 진달래꽃

4월의 노래

어제와 오늘
그리고 내일
똑같은 하루인데

코로나 역병으로
지치고 힘든 삶에
잠시 옆을 돌아보니
새싹이 움트는 소리가 들린다

봄기운이 무르익는
새 세상이 열린다고
여기저기서 손짓한다

따사로운 햇볕 아래
싱그러운 미래를 향해
우리 함께 손을 잡고
4월의 노래를 부르자는 듯

봄비

기별도 소리도 없이
밤 고양이처럼
남몰래 내리는 봄비처럼

하늘의 연못
빗장을 풀어
목마른 대지를
촉촉이 적셔주는 봄비처럼

어젯밤같이
오늘 낮에도
오는 듯 가는 듯
사뿐사뿐 내리며
언 땅을 녹여 주는 봄비처럼

너와 나
편 가르는 우리 마음
얼어붙은 우리 마음
녹여 줄 따뜻한
눈빛들이 그립다

봄소식

옷깃을 스치는 소리에
무슨 소리인가 둘러보면
나풀나풀 나비만 난다

콧속으로 스며드는 냄새에
무슨 냄새인가 맡아보면
벙긋벙긋 꽃만 미소 짓는다

소리도 냄새도 없이
살며시 봄은 벌써 다가온다

겨울 산

새해 들어 모처럼 찾은 둘레길
겨울 같지 않은 겨울이라
춥지도 덥지도 않아 걷기에 그만인데
극성스런 미세먼지에 뿌연 하늘이 안쓰럽다

호젓한 숲길을 걸으니
눈앞에 펼쳐진 커다란 바위산
숲속의 나무는 나뭇잎을 다 떨군 채
벌거벗은 몸으로 겨울을 맞이하고 있다

자신을 던져 후대의 양식이 된 나뭇잎들이
바스러지는 소리 들릴 듯하다
사람의 일생도 그와 다름이 없으니
너와 나의 삶 또한 마찬가지다

겨울비처럼

눈꽃 같은 함박눈도 아닌데
미세먼지를 쓸어 담으려는지
한겨울에 철모르는 비가 내린다

한때는 봄비처럼
목마른 대지를 촉촉이 적셔주어
반가운 마음으로 맞이했는데
이제는 그 누구도 반기지 않아
갈 곳 없는 집 잃은 강아지처럼
맥없이 추적추적 내리는 겨울비
세월이 흐르고 세상이 변하면
고운 봄비도 볼품없는 겨울비가 되네

마음과 정신은 젊은 날 같은데
육신은 쇠잔한 뒷방 늙은이처럼
세월 인심 야속하다 탓하지 말고
덧없이 내리는 겨울비를 마주하며
겨울 속 자신에게 묻노니
너는 누구냐?

가을

가을물 잔뜩 오른 산골짜기
압도적인 붉은 색이 넘실넘실
행락객의 옷차림도 울긋불긋

다채롭다 할까
현란하다 할까
그림 같다 할까

처음으로 나선 단풍놀이
호들갑이라도 떨까
마음이 마구 들뜬다

들뜬 내 마음과 달리
말없이 고운 색깔로 말하는
저 이치와 순응의 자연스러움

이 가을엔 자연처럼 변함없는 마음을 갖고 싶다

시월의 어느 날

하늘 저 모퉁이에 한 걸음씩 가을이 다가온다
내 마음에 가을이 오듯이

바람을 일으키며 쫓기듯 사라져간 여름의 자리엔
가녀린 코스모스가 한들한들 춤을 추고
태풍이 할퀴고 지나며 많은 상처를 준 제주에도
도봉산자락 오봉에도 하늘하늘 가을바람이 분다

서늘한 바람이 미소 짓는 송추골에서 마주 보는 오봉
오늘따라 앞뒤 모습이 달리 보이는 오봉을 감싸 안듯
모였다가 흩어지고 흩어졌다가 다시 모이는 구름송이들

살아온 날보다 살아가야 할 날이 많지 않고
알 수 없는 먼 길을 떠나야 할 날이 가까워질수록
청맹과니처럼 옹졸하게 꽉 막힌 마음을 열고
따뜻한 눈으로 세상을 바라보며 살고 싶다

어깨에 힘주고 눈에 쌍심지 켜지 말고
두 주먹 불끈 쥐고 삿대질하지 말고

양 손바닥을 활짝 펴고 두 팔을 벌려
주위 사람들에게 살며시 손을 내밀고
이 가을에는 웃음 지으며 살고 싶다

하늘 저 모퉁이로 가을이 떠날 때가 되면
내 마음도 그만 서늘해지고 아득해지겠지

딸기밭에서

여름이 오는 길목에 너도 나도
옷을 벗고 가벼운 차림으로 나선다
물이 올라 농염하게 익어가는 딸기밭에
여기저기 손잡고 사랑을 속삭이는
연인들이 하나 둘 찾아온다
달콤하고 시큼한 딸기를 입에 넣어주며
따사로운 햇볕을 쬐고 웃음 짓는 젊은이들은
젊음과 청춘과 사랑을 주절주절 나눈다
어느 덧 해는 서산에 걸려 뉘엿뉘엿 저물어 가고
돌아갈 시간에 쫓긴 젊은이는 마음의 눈을 열고
6월의 맑은 하늘 아래 서로의 입술을 찾는다

까치수염

비 개인 날 초안산에서 만난 꽃
꿀처럼 맛있는 아침 이슬을 머금고
눈이 부실 것 같은 연초록색 치마를 입고
하늘을 향해 두 팔을 크게 벌리고
생글생글 노래하는 숲속의 요정 같고
마치 마음을 열고 들어야 들리는
요정의 낮고 깊은 속삭임 같다
부끄러워 고개 숙인 아가씨의
빛나는 하얀 목덜미처럼 너무 고와서
스마트폰을 꺼내 살짝 한 컷 찍어
이름이 뭘까 궁금해 하며 꽃 도감을 펼쳐놓고
한 장 한 장씩 넘기며 똑같은 모습을 찾으니
수줍은 듯 미소를 띠며 고개를 숙이고 있는 꽃
아아, 청초하고 예쁜 '까치수염'이구나!

밤꽃 필 무렵

도봉산 둘레길 무수골에는
밤나무가 옹기종기 사이좋게 모여 산다
아카시아의 달콤한 향기가 사라지고
꽃잎이 떨어지자 기다렸다는 듯이 밤꽃이
긴 술을 멋지게 단장하고 외출을 한다
오늘 밤에는 누구를 만나 사랑을 나눌까
잠 못 이루는 홀로된 며느리 방 앞에
서성거리며 애간장 타는 시어미 마음 아는 듯
달그림자에 놀란 강아지는 컹컹컹 짖는다

초안산 진달래꽃

봄이 온다는 소식에
 어디로 올까 아무리 쳐다봐도 봄은 보이지 않네
 지난겨울 동장군은 온 적도 간 적도 없는데
 세월처럼 구름처럼 살며시 사라지고 다가오나 보다
 봄의 전령인 그 많던 진달래는 어디로 갔을까
 어린 시절 허기진 배고픔을 달래주었던 진달래는 왜 보이지 않을까
 궁산(宮山) 지나 한내(漢川) 건너면 지천으로 널렸던 초안산 진달래꽃
 지붕도 없어 벌건 몸뚱이를 가리지도 못하는 헐벗은 초안산 꼭대기에는 찬바람만 불고
 모처럼 맑은 하늘에는 외로운 새털구름 남매가 손잡고 걸어가는 듯한데
 연약한 구름 사이로 어스름하게 보이는 가냘픈 엄마의 얼굴
 오늘따라 왠지 진홍색 진달래꽃 같은 젊은 날의 엄마가 보고 싶다

옥잠화

아파트 입구 화단 새근새근 숨소리 들릴 듯
어제도 오늘도 아기 손가락처럼
연약한 새순이 맑은 공기를 마시며 꿈틀거리네
고개를 숙여 가만히 기웃거려 보니
그동안 어디에 있었는지 몰랐던 파란 새잎들이
달리기 경주를 하듯 이곳저곳에서 삐죽삐죽 고개를 내민다
그 추운 겨울엔 어디에 있었을까
차가운 땅속에서 봄을 기다렸나 보다
개나리도 진달래도 목련꽃도 피는 그 사이에
쏘옥 고개를 내밀고 손짓하는 파아란 새싹의 옥잠화 형제들
봄이 오는 길목 너의 강인한 생명력처럼
오늘 하루만이라도
저 높은 하늘을 향해 커다란 날갯짓을 하고 싶구나

제3부
우도의 여인

우도의 여인

스산한 봄바람에 파도조차 슬피 우는 섬 우도
'물꼬해녀의 집' 창가에 앉아
해변을 바라보는 긴 머리 여인
멍게와 해삼을 안주 삼아
홀로 소주잔을 기울이는 여인아
안경 낀 그 눈동자에 찬란했던 과거도
쓸쓸한 현재도 겹쳐 비치누나
바닷바람에 긴 머리를 휘날리며
쓴 웃음 짓는 젊은 여인의 뒷모습에서
젊은 날 나를 미치게 했던
버지니아 울프의 슬픈 목소리가 맴돌고
목마를 타고 트로이로 떠난
헬레네의 모습이 어른거리네

어떤 머그컵

세밑에 찾은 행복한 이야기 북카페에서
따뜻한 커피 한 잔 마주하고
어두워져 가는 창밖을 바라본다

반쯤 남은 커피를 마시다
문득 제 역할에 충실한 머그컵이
오늘따라 대견스럽다

때로는 누군가의 손길에 채여
테이블 밑으로 굴러 떨어지고
때로는 빈 채로 한쪽 구석으로
밀쳐지기도 하는 머그컵

칠십 고개를 바라보는 내 삶이
주인 잃은 머그컵에 투사되는 저녁 무렵
다 식은 채 남은 커피에 괜히
투정 부리고프다

메밀 동동주를 마시며

메밀꽃이 눈처럼 빛나는 날
보름달이 휘영청 온 세상을 밝히는 밤
짝 잃은 허생원의 마음은 어디로 달려갔을까
허생원도 동이도 어디로 가고
힘든 시절을 함께한 발정한
노새는 어디에 있는가?
메밀로 빚은 동동주 한 잔 걸치니
옛사람의 고단한 삶이 떠오르고
저 멀리 우뚝 솟은 설악산 산등성이는
하이얀 눈을 뒤집어쓰고
잎새가 떨어진 나무는 앙상한 가지를
온몸으로 힘겹게 지탱하고 있구나
가을이 겨울로 바뀐 계절의 들녘에서
내 몸은 잔인한 시간의 흐름에 빠지고
희미한 정신은 흘러간 과거를 그리워하며
목이 멘 듯한 몸짓으로 손짓을 하네
세월아, 그만 멈춰줄 수는 없겠니

아바이 마을에서

손을 뻗으면 닿을 듯한 그 마을
파도가 거칠게 출렁거려 얇은 바닷길을
건널 수 없어 갯배를 타고 다녔던 사람들
차가운 겨울 바닷가 모래밭엔 인적도 드물고
지난 가을 황토색을 띠던 바다는
차갑도록 청명한 모습으로 한가로이 춤춘다
실향민의 마음을 아는지 모르는지
아바이 마을 갯배는 물 위를 왔다 갔다 하네
너와 나 손을 마주 잡고 걸으며
웃음을 나누던 고향이 바로 저긴데
언제나 북녘 땅 아바이 묘소에
절을 올릴 수 있을지

도봉문화예술제 '흥잔치' 공연을 보며

덩더쿵, 덩더쿵, 덩더쿵
장구를 치는 아저씨의 팔놀림 따라
목이 끄떡 끄떡
얼쑤, 얼쑤, 얼쑤
북을 치는 아가씨의 손길을 따라
어깨가 들썩 들썩

떨어지는 낙엽처럼
세월의 야속함에
눈물을 짓던 나에게
가난에 찌들고 삶이 힘들어
웃음을 잃어버린 나에게

잠시나마 웃음을 되찾아
위로의 흥을 돋워주는
한마당 흥잔치
쿵더꿍 쿵더꿍 쿵더꿍
얼쑤 얼쑤 얼쑤
어, 좋다, 지화자, 좋구나!

메타세콰이어

이웃 나라 중국이 고향인 메타세콰이어
서방정토에서 중생을 극락으로 인도하는
아미타불의 뜻을 가졌다는 메타세콰이어
서해 바다를 건너 전라도 담양으로 옮겨와
새로운 환경에서 잘 자라도록
극진히 돌보아준 사람의 정성에 보답하듯이
날렵한 모습으로 하늘 향해 큰 키를 쑤욱 뻗치네
숲길 양편에 사이좋게 오순도순 서로 의지하며
고향 생각에 함께 웃고 울었을 메타세콰이어
새벽길 메타세콰이어는
오늘도 엷은 향기를 풍기고
아름다운 숲길을 만들었다
선각자의 노고를 기억하며
너와 나, 우리들도 네 편, 내 편으로
등지고 손가락질 하지 말고
두 손 마주 잡고 나아갈 수는 없을까

행복한 이야기 북카페

우리 동네엔 행복한 이야기 북카페가 있다
신나게 달리는 지하철 소리가
마치 심장이 울리는 것처럼 쿵쿵 울리는 북카페
마주 앉은 사람들은 이야기를 하기보다
상대의 표정을 살핀다
시를 짓는 법을 배우려고 찾은 북카페
아는 얼굴도 모르는 얼굴도 모였다
쿵쿵 울리는 지하철 소리를 운율 삼아
시 한 수 쓰고 싶다

초원의 길

창조주의 선물이 하늘에서 내려와
목초지에 생명수를 뿌려주니
민둥산인 줄 알았던 야산 초지는
생명을 잉태하여 꿈틀거린다
끝없이 펼쳐진 푸른 목초지 이곳저곳
유목민의 게르가 둥지를 틀고
방목하는 소떼와 양떼 그리고 말들이
한가로이 놀며 배를 불린다
검은 구름이 몰려오고 몰려가는
하늘 아래 이 세상은 넓고도 넓어
마음을 열고 인간과 자연을 바라보며
광활한 이 길을 걷고 싶다

쌍봉낙타

하늘 아래 땅이 있는지 땅 위에 하늘이 있는지
구름 그림자 땅에 어리고 땅은 하늘과 맞닿았네
고비사막을 닮은 작은 고비에는
곱디고운 모래가 수를 놓고
등허리에 커다란 혹이 산봉우리처럼
불쑥 솟아오른 쌍봉낙타는
낯가리는 이국 여인을 등에 태우고
모래사막으로 산책을 하네
굽이굽이 이어지는 산허리는
구름 그림자에 가리어 어두워지고
짬짬이 부는 바람은 곧 추운 계절이
다가옴을 알려주네
낙타를 타고 사막 길을 걸었던
옛사람은 어디로 가고
사하라사막을 횡단하던
배두인 상인은 어디에 있으며
불시착 비행기에서 내린
'생텍쥐페리'는 어디에 숨었을까

게르 마을의 밤하늘

노을 지는 하늘 야트막한 산등성이를 감싸고
구름은 한가로이 걷고
스산한 바람은 가을을 부르는데
목초지 풀들은 푸릇푸릇 돋아나
소떼와 양떼와 염소 떼가
한가로이 풀을 뜯으며 노는 게르 마을
게르의 둥그런 지붕 꼭대기 반쯤 접어올린
틈새로 햇빛이 쏟아지고
해님이 산허리에 숨어 보란고리 마을에
달님과 함께 저녁이 찾아오면
몸과 마음을 의탁할 게르에
어둠이 무르익어 전깃불이 들어온다네
긴 세월 만날 수 없던 잃어버린 별빛을
찾아온 몽골 게르 마을에서
별이 빛나는 밤에 별이 빛나는 밤에
목청껏 소리쳐 부르던 그날처럼
밤하늘 한 줄기 별똥처럼 사라져버린
영혼의 목소리가 듣고 싶다

간장게장의 미소

간장게장, 간장게장을 좋아하세요
아니면 양념게장을 좋아하세요
그도 아니면 간장새우를 좋아하세요
아주 오래 전 반찬이 없던 시절
빈껍데기만 남은 간장게장
그 맛이라도 한 입 맛보려고
형제간에 눈독 들였던 그날처럼
입이 짧아 잘 먹지 못해
이런저런 놀림을 당했던 친구의
게장 다리 쪽쪽 빼먹는 모습은
오물오물 엄마 젖 빠는 아가 닮았네
밥도둑이 따로 없다는
게장의 전설이 무르익는 초여름
간장게장 미소가
소리 없이 하늘로 날아오른다

순남 족발

그제도 찾았던 순남 족발집
어제도 찾았고 오늘도 찾네
한 번쯤 맛볼 수 있으면 좋으련만
고기가 다 팔려 떨어졌는지
운이 없는지 내 차례가 안 온다
습하고 무더운 한여름의 열기가
식지 않고 기승을 부리는 밤이면
천궁과 씀바귀와 한방 약제를 넣어
몇 시간 동안 푹 고아 기름이 쏙 빠진
쫀득쫀득한 족발의 달콤한 냄새가
내 입맛을 사로잡는다
소주 한잔에 시원한 맥주를 넣은
소맥 한잔을 들이켜고
비계가 붙은 족발 한입 물고
계란 푼 따끈따끈한 떡국에
잘게 썬 매콤한 청양고추를 넣어
얼얼한 국물 한 숟갈 마시면
어느새 더위는 저만큼 멀어지고
순남 족발의 묘한 매력에 빠져

얼굴 가득히 웃음이 번진다
순남 족발을 아세요?
순남 족발을 모르시면
지금 바로 한번 먹어 보세요
입안 가득히 웃음꽃이 날릴 거예요

북서울 미술관에서

근대의 꿈이라는 주제로
한국근현대명화전을 연다는
길거리 현수막에 모처럼
마음먹고 찾은 북서울 미술관
생존을 위해 바다로 뛰어든 여인의
강인함과 생존의 굴레를 그린 [해녀 김기창]
아름답게 얼굴을 가꾸는 젊은 여인의
미묘한 마음의 갈등을 표현한 [단장 천경자]
등허리가 삐죽 나온 아이와 앙상한 물고기의
서글픔을 묘사한 [물고기와 노는 두 어린이 이중섭]
일본인 아내 '남덕'과 화가의
애끓는 사부곡(思婦曲)을 노래한
[부인에게 보내는 편지 이중섭]
가난했던 시절 우리들의 초라하지만 정겨웠던
아련한 옛 추억을 부르는 [판자집 김환기]
슬픈 눈동자의 여인의 주체할 수 없는
젊음의 비애를 이야기한 [나의 슬픈 전설의 22페
이지 천경자]
 그림 설명을 해주는 이어폰을 끼지도 않고

나 홀로 그림을 보고 돌아다녀도
그리운 마음처럼 보고 싶은 마음만큼
정다운 느낌과 가슴 먹먹한 울림이
스스럼없이 한 걸음씩 살짝 다가온다

에드워드 김 추모 사진전

'내 마음 속의 풍경'이라는
제목으로 열린 추모 사진전
아담한 갤러리에 들어서자
낯익은 흑백사진들이 나를 반기며
어서 오라 손짓하던
지난 세월 선조들의 애환을
다양한 작품 구도 속에서 멋진 앵글로 잡은 솜씨다
가로수 무성한 신작로를 걷는
갓 쓴 할아버지의 얼굴
꽁꽁 얼어붙은 한강 얼음을
열심히 톱질하는 아저씨의 모습
머리에 대야를 이고 힘들게 걸어가는
엄마와 이웃 아주머니의 지친 발걸음
미국대통령 방한을 환영하려는 인파 속에
한없이 기다리다 지쳐 조는 오빠와 언니
성탄전야 명당성당에 들어가는
갓 모양의 모자를 쓴 수녀들
아름다운 꽃상여를 타고
돌아올 수 없는 먼 길을 떠나는 이

마음속 가을을 찾아 가 본 적 없는 미지의 세계를
꽃상여를 탄 채 멋진 사진을 찍고 있을
에드워드 김이 눈에 밟힌다

빗속의 여인

그날도 오늘처럼 하염없이 장맛비가 내리고
거리를 지나는 사람들은
색색 가지가지 모양의 우산을 한 손에 쥐고
앞서거니 뒤서거니 분주히 걷는다
세차게 퍼붓는 빗방울을 막기에는 힘이 부친 듯
어깨에서 허리춤을 지나 아래로
빗물이 흠뻑 스며든다
주택가 처마 밑에 잠시 머물러 서 있는 한 여인
단발머리를 어깨까지 한 새까만 눈동자의 여인은
앵두처럼 도톰한 입술을 가지런히 모아
입을 다물고 쏟아지는 빗방울을 쳐다보며
지그시 눈을 감더니 휴우 하고 한숨을 내쉬며
무작정 거리로 나선다
무슨 사연과 곡절이 있기에 무작정 비를 맞으며
흐느적흐느적 세월을 신고 가는
빗속을 걷고 있을까
흠씬 비에 젖어 착 달라붙은 얇은
홑겹 치마 속으로 속살의 실루엣이
보일 듯 말 듯 하늘하늘 춤춘다

저토록 가련한 몸짓으로 걸어가는
여인의 뒷모습에
고통보다 슬픔보다 진한 아련한 추억만 떠오른다
어느 시인은 '사랑은 가도 옛날은 남는다'고 했거늘
비를 맞으며 걷는 여인의 가슴에는
옛사랑이 남았을까

능동 어린이대공원

상어 장난감 비눗방울 놀이에
온 정신을 빼앗긴 네 살 손녀
칙칙폭폭 기차놀이에 푹 빠져
내릴 마음 없는 세 살 손자
손녀, 손자의 모습을 바라보니
삼십년도 훨씬 전 어느 해 5월
대공원 놀이동산에서 즐거워하던
아들 딸 모습이 눈에 선하네
세월이 거꾸로 가는 추억의 놀이동산
내가 섰던 자리를 아들에게 넘겨주고
날 빼어 닮은 아들 모습에서
젊은 날의 나를 찾아보았지만
세월의 무게를 이기지 못하고
서리 한 섬을 지고 있는
내 모습만 보인다

알프스의 낙조

비행기 날개 밑으로 흘러가는 구름은
검룡소 샘물처럼 끝없이 흐른다
흘러가는 구름 사이를 비집고
솟아나는 눈 덮인 산봉우리 형제들
눈 덮인 봉우리, 봉우리가 선을 긋고
선을 이으며 연이어 솟아오른다
대동강 부벽루 위에서 '점.점.점, 산.산.산' 하고
붓을 놓아버린 옛 시인의 마음을 너는 아느냐?
눈 이불을 덮은 알프스 산봉우리 위로
슬프도록 시뻘건 태양이
춤추며 스러져가는 붉디붉은 낙조처럼
너의 삶도, 나의 삶도,
떠나온 본향으로 되돌아가는구나

폼페이 최후의 날

하늘이 열리고 붉은 태양이 솟아오르는 땅,
눈을 뜨니 새로운 하루가 어서 오라고 손짓한다

신시(神市) 열린 하늘 아래 어둠의 신이 찾아오고,
한 번도 마주한 적 없는 영혼의 빛이 번쩍
한 번도 들은 적이 없는 천지개벽 소리였나
제우스의 번개인가 천둥소리였나
검붉고 새빨간 빛이 온 천지를 휩쓸더니
인간과 자연이 사라져버린 그 순간 폼페이 너는 어디에 있었느냐
천팔백 년 세월에 묻혔다가 화산재 속에서 삐죽이 얼굴을 내밀고 나온 너
로마인의 타락한 영혼의 모습에서 잃어버린 인간의 원초적 모습을 본다
폼페이, 인간의 고향이여!

콜로세움의 아침

십자가 문양이 아름다운 문
햇살처럼 눈부신 문으로 들어가는 노예 검투사
싸움에 진 검투사에게는 죽음의 문이요
싸움에 이긴 검투사에게는 천국의 문일까
로마 황제의 사냥 놀이터인 콜로세움에는
노예 검투사와 맹수의 처절한 외침 소리가
귀족과 평민들과 구경꾼들의
환호의 함성이 들렸을
검게 그을린 하늘 아래 부서져 버린
콜로세움 벽돌 한 장 한 장에서
뼈에 사무친 고통, 원한 가득한 슬픔이 원통한 함성이 되어 솟구쳐 나오는구나
아아, 콜로세움이여, 슬픔의 미소여!
연산군의 '흥청망청' 놀이 원형이 로마 콜로세움에 있을 줄이야

어느 종교재판정에서

종교재판정에 불려온 한 사나이
피사의 사탑 자유낙하 실험
어둠 속의 이천년 세상을 일깨워주었던 남자
하늘이 움직이는 게 아니라
땅이 돈다고 소리 높여 외친 사나이
불경한 그 소리 하늘에 닿아
네 죄를 네가 알렸다 추상같은 말씀에
한 목숨 구하여 세상을 일깨워야지
재판정 정문을 나서 하늘을 바라보니
그래도 지구는 돌고 도네

포지타노 해변의 여인

3월의 따사로운 햇볕이 쏟아진다
저 멀리 아프리카 북서부와
스페인의 경계인 지브롤터에서 밀려온 바다여
포지타노 해변의 검은 모래사장 위로
그 포말이 넘쳐드는구나
살랑거리는 원피스 자락을 바람에
휘날리는 젊은 여인
해변을 오가며 벗을까 말까 하더니
홀러덩 벗어 던지네
그 옛날 아프로디테 여신이
하얀 조가비 거품 속에 안기어
해변으로 올라오듯이
하이얀 속살을 드러내며
비키니차림의 날렵한 몸매가 하늘에서 내려온다
포지타노 해변의 여신의 모습을 보며
검은 눈동자의 동양인 나그네는
흐뭇한 미소를 짓는다
포지타노 해변의 여인이여! 젊음이여! 사랑이여!

서울대공원 둘레길

미세먼지로 뿌옇게 뜬 얼굴을 살짝 내민 하늘
맑디맑았던 푸르른 5월의 하늘은 어디로 갔을까?
옛 사람을 만나 반가운 마음에 찾아간
서울대공원 둘레길
청계산이 손짓하고 뿌연 먼지 속에서
관악산이 미소 짓는다
산사의 스님도 아닌데 속세를 떠난
사람처럼 가슴에 산을 껴안자
온갖 산새들이 지저귀는 숲속엔
무릉도원이 따로 없다
숲속에 쏟아지는 초여름 5월의
찬란하고 따가운 햇볕에
저 멀리 커다란 저수지가 정신을 잃고
반짝반짝 빛난다
흐르는 물에 귀를 씻고
산으로 들어간 '허유'를 그리며
조용하고 한적한 숲속에서
귀를 씻고 마음을 씻으니
둘레길엔 뭇 시인들의
노랫소리만 여울져 간다

할머니 손두부

웬 같은 이름이 그리도 많은지 모르겠다
네모 손두부, 세모 손두부, 동그라미 손두부
게다가 할매 이름 붙은 할머니 손두부까지

오래 전 엄마가 가르쳐 준 할매 손두부 맛
손두부 안에 어떤 미약이 들어있는지 몰라
내가 아들에게 아들이 손녀와 손자에게
대 이어 손두부 못 잊어 하네

화창한 봄날 할머니 손두부 찾아
포천으로 달리는 길 자락
흐드러지게 핀 벚꽃이 한 마디 한다
손두부 한 쟁반, 도토리묵 한 접시,
모두부 한 그릇 모두 싹 비워요

할아버지 맛있어요 네 살 손녀 한 마디
하부지 맛있어 세 살 손자 중얼중얼
아버지 들어 보세요 아들도 한 마디
삼대가 먹는 손두부 쟁반 가득히
빙그레 웃는 엄마 얼굴이 떠오른다

숯불구이

고기 굽는 하얀 철사 판 밑에는
시뻘건 숯불이 혀를 내밀며 활활 타오른다
달궈진 불판에 소시지, 목살, 포일에 싼 마늘,
큼직하게 썬 양파, 대하 몇 마리 올려놓는다
하늘은 어두워지고
매캐한 냄새가 진동하는 불판에
자욱한 포연이 오르듯
맹렬하게 연기가 솟아오른다
숯불이 뜨거워 못 살겠다고 목살이 소리를 지르고
대하의 보기 좋은 흰 수염은
어디로 갔는지 보이지 않고
시꺼먼 몸뚱이가 처연한 모습으로
하늘을 올려다본다
아수라장 같은 숯불구이 철판 앞에서
침을 꼴깍하며
젓가락을 들고 목살 한 점 주워 입으로 가져간다
누군가는 자신을 던져 희생하고
누군가는 그 모습을 즐기고
무엇이 인간의 도리이며 가치인지
분간이 안 가는 이 세상

어떻게 살아야 제대로 인간 노릇을
할 수 있는지 헷갈리는 이 시대
매운 연기 탓인지 세월 탓인지
애꿎게 술잔만 기울인다
고기 굽는 하얀 철사 판 밑에는
시뻘건 숯불이 혀를 내밀며 활활 타오른다

엄마 산소 앞에서

한바탕 서러운 눈물이 쏟아질 듯한
어두컴컴한 잿빛 하늘 아래
쑥과 잡초가 드문드문 일어선
엄마의 묘소가 나를 반긴다
어린 손녀와 손자 함께 찾아간 어머니 계신 곳
누군가를 기억하고 그리워하는 것은
스스로 삶을 사랑하는 이에게 주어지는 선물
봄이 가고 또 가을이 찾아오면
엄마의 묘소도 또 다른 모습으로 변하겠지
당신께서는 아무 말 없이
흐뭇한 미소를 띤 채 내려 보시며 물으시는 듯
'내 품에서 자란 자식이 너 혼자 뿐은 아닌데
어찌하여 너희 가족만 왔니'
세월이 갈수록 엄마의 기억도
희미해져가는 잔인한 4월이 싫다

잃어버린 무지개

짬짬이 빗발이 뿌리는 제주 하늘
오랫동안 보지 못했던 무지개가
하늘을 가로질러 환하게 웃는다
마음은 과거에도 미래에도 없고
오직 지금 이 순간에 있을 뿐
비 사이를 뚫고 나아가는 발걸음 걸음마다
밝은 제주의 하늘이 반기는구나
무지개를 좇아 고향 코르시카를 떠나
붉은 망토를 입고 유럽 대륙을 정복한
작은 거인, 나폴레옹은 어디로 갔을까
갈 수 없는 저 먼 곳을 잡으려 하지 말고
발 딛고 있는 이 땅의 기운을 느껴보자
노을이 지는 제주, 하늘과 땅과 수평선이 맞닿아
내 마음도 무지개 따라 하늘과 땅과 함께 있네

섭지코지 여인의 슬픔

바람이 쉬어가는 곳, 바람이 소리쳐 목메는 곳
긴 머리카락 바람에 날리며
검은 눈동자에 슬픈 미소를
가득히 머금었던 그 여인
뎅뎅 울리는 성당의 종소리에
살며시 문 열고 나온 눈동자
바람 속에 세월을 버린
섭지코지의 여인은 어디로 갔을까
절벽 아래 외로운 갈매기 구구구 노래하고
한 목숨 다 바쳐 사랑한 여인이여
당신은 어디에 있을까?

관덕정의 빛과 그림자

평화로웠던 섬나라 탐라의 영화는 어디로 갔을까
뭍사람들이 쳐들어와 온갖 행패를 부리더니
무지렁이 같은 어린 백성에게 슬픔만 전해주네
세월은 지나고 세월은 흐르고
버려진 땅으로, 귀양살이 땅으로 불린 탐라
감귤나무가 열리더니 인류 자연 문화유산 되었네
제주 목사는 어디로 가고 하멜은 어디로 갔을까
한복 곱게 차려입고 사진 찍는 이국 젊은 처녀야
만덕 할망의 깊은 인간 사랑을 너는 아느냐

흑돼지 수육

된장과 상추, 마늘과 고추를 식탁에 차려놓으니
인버트 화로에 올려놓은 냄비의 물은 펄펄 끓어
용광로 쇳물처럼 뜨거운 물에
흑돼지를 집어넣는다
만신이 된 흑돼지는 온갖 인간의 짧은 입맛을 위해
끓는 물에 조용히 앉아
묵주를 돌리고 염주를 돌리며
다음 생에는 사람으로 태어나
흑돼지 맛보기를 빌고 빈다
흙구름에 깜깜한 세상 무심한 한라산 소주는
욕심덩어리 인간의 마음에 확확 불을 붙여
깊어가는 밤 허튼 웃음소리는 하늘로 날아가고
늙은이 수다는 세월도 뺏고 몸과 마음마저 빼앗고
허망한 과거를 잊으니 야속한 것은 흘러간 세월
뿐이네!

올레길을 걸으며

논짓물 앞마당
검푸른 바닷가에 세찬 바람이 불어오니
바람에 날린 마음은 저 먼 한라산 영봉에 닿는다
현무암 바위에 올레길을 만든 사람아
당신의 땀과 열정이 손짓,
발짓되어 너울너울 춤추는구나
여섯 마리 늙은 용이 왼손엔 바다를
오른손엔 한라산을 받쳐 들고
날아갈 듯 서로 손잡고 올레길을 걸어가네
왼쪽엔 물질하는 해녀 할매가
오른쪽엔 살랑살랑 청보리가 노래하고
흐뭇한 마음에 살짝 눈을 들어보니
왼쪽은 마라도요 오른쪽은 삼방산이라
방긋 웃는 삼방산 절벽은
할매 궁둥이처럼 헐벗어 슬프구나

채석장에서

돌산을 캐는 요란한 폭발소리
하늘은 순식간에 뿌옇게 변하고
별똥별처럼
돌덩이가 하늘에서 쏟아진다
세상을 덮은 정적이 사라지고
천년 같은 순간이 지나면
허연 모습을 드러낸
상처 난 돌덩이들이
여기저기 제멋대로 나뒹군다
한 귀퉁이 돌무덤 틈새에서
소중한 보물단지를 만지듯
작고 앙증맞은 돌멩이 하나 주워
시냇물에 깨끗이 씻고 씻어
뒷주머니에 살짝 넣으며
씨익 웃음 짓는 아이

병원에서

콩나물시루처럼
북새통을 피우던 병원
그 많던 환자는
어디로 가고
번호표 뽑아 대기하던
사람들은 어디에 있나

우주인처럼
비닐 옷을 뒤집어 쓴 문지기가
병원을 찾는 사람을
열감지 카메라로 검사하고

역병이 들고 염병이 돌면
세상인심은 흉흉해지고
사람 목숨은 한 가닥
지푸라기처럼 사라질 뿐

인간이 뿌린 욕망의 씨앗을
거둬들이는 자연의 솜씨에
마스크를 쓰고 눈을 감은 채
조용히 차례를 기다린다

정의로운 세상

중국 땅 우한에서 몰려오는
코로나 바이러스 광풍
날짐승에게, 들짐승에게
우리 편 아니라고
어둠의 동굴로 쫓겨났던 박쥐
바이러스 보금자리 되어
인간 세상에 나들이하네
부유한 이와 가난한 이
권세 부리는 자와 힘없는 민초
속이는 자와 속으며 따르는 자
위선의 가면을 쓴 패거리와
몸보신하는 못난 꼴통에게도
미친바람은 웃으며 찾아오네
한 번도 경험하지 못한
차별하지 않는 세상을 위해
공정과 정의를 부르짖으며
중국제 코로나 바이러스는
신나게 춤추며 한반도를 휩쓴다

길고 긴 2월의 어느 날

잠 못 이룬 새벽녘
눈을 떠 TV를 켜 보니
메달 순위 중계방송 하듯
우한 폐렴 감염자 숫자를
붉은 글씨로 발표한다

밖으로 나가지 못해
종일 집안에서 서성거린다
좀이 쑤셔 TV를 켠다
그새 숫자는 더 늘었다
무거운 마음으로
잠자리에 들어 스마트폰을 켠다
또 확진자 생겼다

이 또한 지나가리라
텅 빈 가슴을 위로해보지만
잠은 어디로 달아나고
밤은 무거운 짐을 지고 집으로 돌아가던
짐꾼의 길처럼 길고 길고 또 길다
동지섣달 기나긴 밤은 가고
벌써 봄이 꼼지락거리는 2월인데

경자년을 보내며

그렇게 떠날 줄이야
작별인사도 제대로 못했는데
등 떠밀려 이렇게 나와 버렸네

새해 아침에
호호 따뜻한 입김을 불며 약속했지
이제는 너를 원망하지 않겠다고
이제는 너를 미워하지 말자고
이제는 너 때문이라고 탓하지 않기로
화해의 손을 내밀며 부끄러워 가만히
너와 나의 자리를 바꾸자고 속삭였는데
스페인 무적함대보다 더 강하고
퍼펙트 스톰보다 더 무서운
코비드19라는 역병에 우리네 삶이
송두리째 부서지고 무너져버렸네

떠나가는 날을
서러워하지 말고
이제, 다시 일어나

바람과 폭우와 햇볕을
온몸으로 온전히 맞이하자
지금 이 순간 내 곁에 있는
시간에 감사하는 마음을 전하자
삶이란 어차피 모든 것을 던져야 하는
무대 위의 연극인 것을…

K를 그리워하며

그날 아침 문자 오는 소리에
하던 일을 멈추고 들여다보니
모르는 이름이기에 지나가다가
잠시 후 살짝 다시 읽어보니
K 이름이 왜 거기서 나오는지
깜짝 놀라 정신없는 경황 중에
친구들에게 연락을 하고

16년 전 가을 본창골에서 처음 만났지
첫 인상부터 터프하고 싸움꾼 같았던 K
쉽게 내뱉기 어려운 욕설과 야한 소리도
K 입에서 쏟아져 나오면 모두 웃으며
허리를 감싸고 배꼽을 쥐고 뒤집어지고
'어이, 쌩 한 잔' 하며 2차로 자리로 옮겨
순식간에 좌중을 휘어잡고 이끌었던 K

K 그때 생각나지 봄날 제주도 여행길
냄비에 된장을 걸쭉하게 풀어 돼지고기를 넣고
펄펄 끓여 라면 스프로 간을 맞추는 기막힌 솜씨

다음엔 울릉도에 가야 한다고 수없이 노래를 했지
몸에 이상을 느끼고 병원 신세를 지면서도
치료가 잘되어간다고 좋아하며 자전거도 타고
친구들 보고 싶어 모임을 마련하고 한 턱 내더니
울릉도에 가지도 못하고 뭐가 그리 급해서
저 혼자서만 하늘 멀리 먼저 떠나는가

K 햇볕이 잘 드는 전망 좋은 곳에
자리를 잡아 놓고 우리를 기다려
하나 둘 앞서거니 뒤서거니 뒤따르게
다시 모두 모이는 그날 '쌩, 한 잔' 하면서
입에 침을 튀기며 못 다한 걸쭉한 입담을
하늘나라에서 진하게 마저 뽑아야지
K 널 만나 정말 기쁘고 즐거웠어
K 정말 고맙고 고마워 친구야

한가위 보름달

아파트 옥상 너머
깜깜한 하늘 먹장구름 속
살며시 떠오른 보름달
둥그런 달님은 어디로 가고
옆으로 삐죽이 퍼진 듯
둥글넓적한 보름달이
옛날 그 달님이 맞을까

온 세상이
천하무적 코로나
위용 앞에서 쩔쩔매고
한가위가 되어도
고향에 계신 부모님을
찾지도 못하는 이 마음을
무심한 듯 처연한 모습으로
어두운 밤하늘을 비추는
일그러진 달님을 알고 있을까

추석날 밤에 맞는 보름달이

이토록 가엾고 애잔할 줄이야
예전엔 생각도 못했는데
달님이 일그러진 게 아니라
내 마음이 삐뚤어져
동그랗고 예쁜 보름달이
삐뚤빼뚤하게 보이는 게야
아무리 세상이 험악해져도
달님은 떡방아를 찧어
슬픈 내 영혼을 안아주겠지

어느 결혼식장에서
- 조카의 결혼을 축하하며

마스크를 쓴 하객들이
하나 건너 테이블마다
두 사람씩 앉아있네

기쁜 마음이지만 코로나 탓에
조금은 허전한 표정으로
촛불을 밝히는 어머니 모습

짧고 긴 인생의 여정에서
제일 즐겁고 화려하고
기쁘고 뜻있는 이 순간

백년해로의 약속을 맺는
한 쌍의 신부와 신랑에게
모든 하객이 뜨거운
격려의 박수를 보낸다

이 세상 높은 곳을 향해
한 쌍의 노랑나비가 되어
날개를 맞잡고 훨훨 날아올라

한 송이 아름다운 꽃이 되어
코로나블루에 빠진 사람에게
사랑의 꽃잎을 나눠 주세요

원당샘 시화전

맑고 높은 쪽빛 하늘에
바람은 살랑살랑 불어
코로나 탓에 울적한 마음
한 줄기 빛이 쏟아지네

도봉산자락 귀퉁이 원당샘
천년 은행나무를 엄마 품 삼아
하나 둘 손 맞잡고 줄을 선
현수막은 바람에 휘날리고

도봉문우의 속내를 풍기는
슬픔과 한숨, 원망과 비탄
기쁨과 즐거움, 눈물과 웃음이
한 덩어리 향기가 되어
은행잎 사이로 날아오르니

부끄러운 듯이 살며시 휘어진
현수막 사이로 비치는 햇볕 속으로
시를 엮는 시인의 마음이
가을바람에 그네를 탄다

제4부
시집평설

■ 시집평설

레토릭으로 설의법 활용 돋보여

박진환
(시인·문학평론가)

1. 전제

　3부에 나누어 80여 편의 시를 수록하고 있는 시집『산티에고 가는 길』은 전성훈 시인이 등단 2년여 만에 내놓는 첫 시집이다. 등단 전후의 시편들은 시인의 시적 출발의 기점이 어디인지, 어떤 것에의 관심과 접근을 통해 형상으로 재구성함으로써 시에 값하고자 했는지를 가늠할 수 있는 단초를 제공한다는 점에서, 또 어떤 발상과 이를 다루는 언술은 어떤 것이었는가를 만날 수 있다는 점에서 여러 의미를 지닌다고 할 수 있다.
　이러한 의미 중에서도 시법이랄까, 발상 근저라 할까, 이를 드러내는 수사법의 원용이라고나 할까 등은 관심의 대상이 될 수밖에 없게 된다. 그것은 시인의 출발이 이 시집에 의해 족적으로 찍히면서 읽는 이들로 하여금 시적 동행이 되어주기 때문이다. 이는 달리 시집에 수록된 시 속에 시인의 길이 제시되어 있고, 어떤 길을 어떻게 걷고 있는가를 말해주고 있기 때문이기도 하다.

시집 『산티에고 가는 길』은 직역하면 남아메리카 칠레공화국의 명소인 안데스 산맥 해발 569m의 고원에 위치한 칠레의 수도를 찾아가는 기행의 기록일 수도 있다. 그러나 시적으로는 '산에서 길을 묻고, 길에서 산을 묻는' 시적 행려의 길일 수도 있고, '산티에고에 왜 가느냐고 묻거든' '몸과 마음이 아픈 이에게/치유의 길을 가르쳐 준다고 말해주렴'에서 읽을 수 있듯이 치유의 길을 찾아 나선 시의 행보일 수도 있다. 그런가 하면 시 「산티에고 가는 길」의 시행 '나는 지금 어디에 있으며 어디로 가고 있을까?'고 설의한 시로써 제시한 의문일 수도 있게 된다.

의문에는 답이 있기 마련이고, 답을 얻기 위해서는 답을 찾아 구도의 길을 마다않고 감행하는 고행도 있기 마련이다. 그래서인지 시집 행간에는 많은 의문부가 찍혀 있다. 앞의 시행 '나는 지금 어디에 있으며'가 제기한 현존의 자아 위치나, '어디로 가고 있을까?'로 제시한 행려에 대한 의문부도 그 하나라 할 수 있다.
 시인이 제기한 '어디에'는 해석에 따라 다양한 위치를 설정해 볼 수 있다. 자연으로부터 피투된 문명의 고아가 되어버린, 현실 수용에 실패한 그런 문명 속에서 배회하고 있는 한 사람일 수도 있고, 자연 회귀를 꿈꾸며 문명으로부터의 일탈을 시도하는 자연에의 환원주의가 설정한 한 공간일 수도 있다. 그런가 하면 시인이 추구하는 피안을 향한 한 출발 기점일 수도 있다.
 '어디에'로 제기된 위치와 함께 '어디로 가고 있을까?'도 같은 맥락성을 설정해 볼 수 있다. 혼돈에의 배회일 수도 있고, 문명의 포위망에 갇혀 출구를 상실해버린 방황일 수도 있고, 또 이를 극복하기 위한 도피에의 피안행이란 시적 통로도 될 수 있다.
 장곡토의 말이 떠오른다. 과학자나 철학자가 나아가지 못하고 벽에 부딪친 곳에 시인이 내닫는다는 자유로이 통로를 열 수 있는 시인의 상상력을 두고 한 말이다. 통로가 막혀 벽에 부딪친 출구 없는 공간에서 상상력의 통로를 통해 자유로이 드나들 수 있는 시인의 상상력, 그런 상상력을 전성훈 시인의 시에서 읽을 수 있기 때문이다.
 시집 『산티에고 가는 길』에서 방점을 찍을 수 있는 것은 시인이 찍고 있는 많은 의문부다. 수사적 의문이라고 할 수 있는 의문부는 시집 『산티에고 가는 길』에서 '나는 지금 어디에 있으며 어디로 가고 있을까?'로 찍은 의문부에 연계되어 있는 맥락성을 같이 하는 것으로 풀이할 수 있는 것들로 여겨진다. 그것은 의문부가 답을 요구하기보다는 화자 스스로의 의도를 상대방에게 납득시키고자 하는, 독자로 하여금 답을 내리게 하는 여유를 제공함으로써 시인의 의도를 강조하고자 하는 설의법의 성격을 띠고 있기 때문이다.

이 점에서 시집 『산티에고 가는 길』에의 접근 방식으론 설의법이 요구되고 설의법에 의한 풀이는 시집의 본질 및 시적 의도와 함께 시인이 설의한 '어디에'와 '어디로'의 행방도 추적, 동행이 가능할 것으로 본다.

2. 설의법으로 본 의문부 해명

시집 『산티에고 가는 길』엔 많은 의문부가 찍혀 있다. 그러나 찍힌 의문부는 의문을 제기한다거나 답을 요구한다거나 하는 물음과는 성격을 달리하고 있다. 그것은 답을 필요로 하지 않는 의문부란 점 때문이다. 달리 지적하면 답을 목적으로 하는 것이 아니라 화자의 의도를 상대에게 납득시키고자 하는 강조의 효과를 계산에 넣은 레토릭으로서의 수사적 의문인 설의법을 원용하고 있기 때문이다.

 주지하다시피 설의법은 답을 찾기 위해 제기한 의문이 아니라 의도적으로 의문을 독자에게 전가함으로써 화자의 의도를 강조하고자 한 시적 효용을 목적으로 하고 있기 때문이란 뜻이기도 하다. 곧 읽는 이로 하여금 의문에 답하게 하거나 답을 추정하게 함으로써 일종의 수용미학의 효과를 계산에 넣었다는 뜻이다. 독자로 하여금 시의 상상력에 개입하게 함으로써 의도의 전달이란 강조의 효과와 함께 시에 참여케 함으로써 시의 행간에 독자의 상상력을 끌어들여 답하게 한다는 수사법이 설의법이다.

 곧 답을 필요로 하지 않으면서 독자의 관심을 환기시킴으로써 강조의 효과를 답 대신 요구하고 있다는 뜻이 된다. 한 편의 시를 제시해 본다.

> 속세를 벗어나면 보일까
> 산중에 들어서면 들릴까
>
> 보이는 대로 바라보고
> 들리는 대로 듣고
> 새기고 싶은 대로 새기면
> 속세도 피안의 세계와 다름없이

하늘의 빛이 쏟아지거늘
뭘 찾아서 헤매고 있을까

이고 지고 가는
근심 걱정 버리고
눈 감고
귀 막고
입 다물고
산도 잊고
물소리도 잊으면
피안의 세계를 만날 수 있을까

 시「피안의 세계」전문이다. 3연으로 된 예시는 연마다 종결어미가 의문부 '까'로 되어 있다. 1연에서는 '산중에 들어서면 들릴까'로, 2연에서는 '뭘 찾아 헤매고 있을까', 종연에서는 '피안의 세계를 만날 수 있을까'로 설의하고 있다. 그러나 이러한 설의는 답을 요구하는 의문의 제기가 아니라 의문의 형식을 통해 독자에게 시인의 의도를 전달 납득시키고자 한 답을 필요로 하지 않는 의문이다. 그 때문에 답 대신 화자의 의도를 강조하는 시적 효용을 챙기는 설의법의 전매특허인 수사적 설의를 원용하는 것이 된다.

풀이를 보태면 1연에서의 '보일까', '들릴까'는 답의 요구가 아닌 독자의 상상력의 개입을 통해 화자의 의도를 전달하는 강조의 효과를 계산한 것이 된다. 2연에서의 보이는 대로, 들리는 대로, 새기고 싶은 대로 '바라보고', '듣고', '새기면', '속세도 피안의 세계와 다름'이 없는 것을 애써 '찾아 헤매고 있을까'로 설의함으로써 독자에게 단정을 내리게 함으로써 여유를 주어 개입하게 하는 수용미학의 상보적 접근 방식을 유도해 강조의 효과에 값하게 하고 있는데 이는 설의법의 수사적 의문이 전매특허로 챙기는 시적 효용이다.

부연하고 싶은 것은 '피안의 세계'는 상상력으로 설정되는 가상의 세계다. 그 때문에 의문을 제기해도 정답이 없다. 다만 독자의 상상력이 개입, 답하면 된다. 그 때문에 진실이 아닌 진실에 값하는 등가물의 발견을 독자에게 전가하거나 의탁함으로써 설의의 시적 효용을 마진으로 챙기는 수사적 의문이라 할 수 있다.

의문으로 찍은 설의는 많다. 목도되는 시편이나 시행을 인용해 본다.

> 한 푼어치 깜냥도 되지 못하는 주제에
> 그 잘난 위선의 껍데기를 벗어버리고

땡볕 아래 엎드려 진심으로 속죄를 할까?
  -「서산에 해가 뜨니」일부

전생에 무슨 업보를 쌓았기에
임금인 아비와 아들로 만나
이토록 모진 사연을 지었을까
  -「회화나무 한 그루」3연

북한산 뒷자락을 바라보며
내 신앙의 주소를 묻는다
난 지금 어디에서
주님을 찾고 있는가?
  -「남종삼 성인 묘역에서」종연

돌로 빚은 나한의 모습에서
내 모습을 찾을 수 있을까?
말없이 빙그레 웃는 돌부처의 마음을 너는 아느냐?
 -「영월 창령사터 오백나한을 바라보며」일부

지난한 자연의 시련을

온몸으로 겪으며 인내한
작은 생명의 모습
이토록 허망하고 허전할까
　　－「떨어지는 낙엽을 바라보며」일부

예시 외에도 「장맛비」, 「해변의 마스크」, 「7월의 하늘」, 「가을비처럼」, 「가을」, 「밤꽃 필 무렵」, 「초안산 진달래꽃」, 「옥잠화」, 「메밀 동동주를 마시며」, 「아바이 마을에서」, 「메타세콰이어」, 「쌍봉낙타」, 「빗속의 여인」, 「섭지코지 여인의 슬픔」, 「관덕정의 빛과 그림자」, 「병원에서」, 「한가위 보름달」 등의 시편에서도 설의법은 등장한다. 이는 시집 『산티에고 가는 길』에 수록된 시편들에서 발견되는 의문부이거니와 간과할 수 없는 전성훈 시인의 시적 출발을 보여준다는 점에서 방점이 찍힐 수밖에 없다. 그것은 의문에서 시를 출발시켰다기보다 답을 요구하지 않는 의문으로 독자에게 여유를 주어 감동을 챙기고자 한 설의법의 시적 효용을 활용할 줄 안다는 점에서 찍을 수 있는 방점이기 때문이다.

　시인이 하나의 레토릭을 자신의 이미지로 각인시킨다는 것은 시의 장점이자 시인의 장점이 될 수 있다. 그것은 하나의 소재가 시인의 이미지로 각인된 것만으로도 시적 설득력을 챙기는 것과 같은 이치를 시적 레토릭도 안겨주기 때문이고 전성훈 시인의 설의법도 예외가 아니기 때문이다.

3. 묻고 답하기로 답한 의문부 풀이

시집 『산티에고 가는 길』엔 묻고 답하기 시편이 매우 많다. 그것은 설의법 대신 시인 스스로가 시로써 말하고 싶었던 의문에 대한 답으로 읽힌다. 예시한 다음 시는 이를 시로써 진술한 답으로 제시한다.

> 산에서 길을 묻고, 길에서 산을 묻네
> 산티에고에 왜 가느냐고 묻거든
> 몸과 마음이 아픈 이에게
> 치유의 길을 가르쳐준다고 말해주렴
> 실연의 아픔을 이기지 못하는 이에게
> 세월이라는 달달한 약을
> 시험의 벽을 넘지 못한 수험생에게
> 새로운 도전의 꿈과 용기를
> 사업에 실패하여 고개를 숙이는 이에게
> 다시 일어설 용기와 기회를
> 원망과 원한에 사무친 이에게

자신과 상대를 용서할 수 있는 마음을
육신이 아파서 죽고 싶은 이에게
고통을 받아들일 수 있는 마음을
배우자를 떠나보낸 사람에게
아름답고 안타까웠던 추억의 선물을
부모를 잃은 자식에게
부모의 끝없는 사랑과 베풂의 모습을
길에서 산을 묻고, 산에서 길을 묻네
산티에고가 어디에 있느냐고 묻거든
내가 가는 길에 있다고 말해주렴
눈물 같은 빗길을, 고요한 산길을
세찬 눈보라 길을, 끝없는 들판을 걷고 걸으니
발이 붓고 커다란 물집이 생겨 절룩절룩 거리며
땅을 내려다보며 묻고 또 묻고
강물을 바라보며 생각하고 또 생각하고
그리운 하늘에는 구름 한 점 없는 푸른 하늘도
먹구름에 뒤덮인 컴컴한 하늘도 있네
나는 지금 어디에 있으며 어디로 가고 있을까?
길에서 길을 묻고 산에서 산을 묻는다
구원의 길은 내 마음 속에 있거늘

시집 제목이기도 한 시「산티에고 가는 길」전문이다. 예시는 전성훈 시인의 시적 특성이라고나 할까, 레토릭의 활용이라고나 할까와 함께 물으면서 답을 요구하지 않는 수사적 의문에 대한 답을 보여주고 있다는 점에서 좀 장황하지만 전문을 예시했다.

묻고 답하기, 물으면서 답을 요구하지 않는 레토릭으로서의 설의법의 대비랄까, 대조를 통해 읽을 수 있는 의문의 형식을 취하면서도 의문이나 의문에 대한 답을 요구하지 않는, 전성훈 시인의 레토릭을 활용할 줄 아는 수사적 의문은 방점을 찍을 만한 전성훈 시법이라 할 수 있지 않을까? 출발부터 레토릭을 들고 나오는 경우는 흔치 않다는 점에서, 흔치 않음으로써 값지다는 점에서 한 번 더 강조해도 시적 귀한 몫이라 할 수 있다고 본다.

시「산티에고 가는 길」이 제시하고 있는 시인의 의도를 통해 답을 요구하지 않는 의문에 대한 답을 예시는 수사적 의문과 함께 시의 가능성으로 읽어주어도 될 것으로 보고 마무리한다.

4. 결어

지금까지 본고는 전성훈 시인의 첫 시집 『산티아고 가는 길』에 대한 나름의 견해를 제시한 셈이다. 결론은 설의법을 통한 자신만의 시법 충실을 사주고 싶고, 또 자신의 시법으로 활용할 줄 알고 시를 출발시킨 점에 찍은 방점이 앞으로의 시적 행보가 되어줄 것으로 보고 기대와 박수를 보낸다.

산티아고 가는 길

2021년 4월 20일 인쇄
2021년 4월 30일 발행

지은이 / 전성훈
발행인 / 박진환
펴낸곳 / 조선문학사
등록번호 / 1-2733
주소 / 03730 서울 서대문구 통일로 389(홍제동)
대표전화 / 02-730-2255
팩스 / 02-723-9373
E-mail / chosunmh2@daum.net

ISBN 979-11-6354-060-1

정가 10,000원

* 인지는 저자와 합의 하에 생략
* 잘못된 책은 서점에서 교환해 드립니다.